Bibliografische Information der Deutschen Nationalbibliothek:

Die Deutsche Bibliothek verzeichnet diese Publikation in der Deutschen National-bibliografie; detaillierte bibliografische Daten sind im Internet über http://dnb.d-nb.de/ abrufbar.

Impressum:

Copyright © 2020 GRIN Verlag
Druck und Bindung: Books on Demand GmbH, Norderstedt Germany
ISBN: 9783346203168

Dieses Buch bei GRIN:

https://www.grin.com/document/590811

Fabian Boner

Blockchain im Energiebereich. Die Möglichkeiten von Smart Contracts beim OTC-Handel von Energieprodukten

GRIN Verlag

GRIN - Your knowledge has value

Der GRIN Verlag publiziert seit 1998 wissenschaftliche Arbeiten von Studenten, Hochschullehrern und anderen Akademikern als eBook und gedrucktes Buch. Die Verlagswebsite www.grin.com ist die ideale Plattform zur Veröffentlichung von Hausarbeiten, Abschlussarbeiten, wissenschaftlichen Aufsätzen, Dissertationen und Fachbüchern.

Besuchen Sie uns im Internet:

http://www.grin.com/

http://www.facebook.com/grincom

http://www.twitter.com/grin_com

Seminararbeit

CAS FH in Digitaler Transformation in Unternehmen, Wintersemester 2019/20

Blockchain im Energiebereich

Die Möglichkeiten von Smart Contracts beim OTC-Handel von Energieprodukten

vorgelegt von:

Fabian Boner

Datum der Abgabe: 05.02.2020

Inhaltsverzeichnis

Abstract

Die hier vorliegende Seminararbeit geht der Frage nach, wie weit sich Blockchain-Technologien in der Energiewirtschaft und im Speziellen beim Handeln von ausserbörslichen Energietransaktionen entwickelt haben. Konkret soll durchleuchtet werden, wie die Energiebranche die Blockchain-Technologie im Vergleich zu anderen Branchen bereits anwendet und welche Blockchain-Lösungen im Handel von OTC-Produkten im Energiebereich bereits vorhanden sind. Die Arbeit konzentriert sich auf die für das Handeln von Energieprodukten bekannten Blockchain-Lösungen, die sich bis heute im Markt aufgedrängt haben. Alle in dieser Arbeit aufgeführten und analysierten Lösungsvarianten weisen ihre eigenen Charakteristiken auf, die der Autor aufzuzeigen weiss. Weiter stellt sich im OTC-Handel von Energieprodukten die Frage, inwiefern die neue Blockchain-Technologie Einfluss auf die Kosten der Energieunternehmen hat. Speziell die Implikationen auf die zu reduzierenden Transaktionskosten werden hier aufgrund der Potenziale bei intern und extern anfallenden Kosten von Energiedeals erläutert und erklärt. Eine Kernaussage, die sich in dieser Arbeit herauskristallisiert, ist die Tragweite, die solche Lösungen in der Energiebranche auslösen kann. Für einige Branchenplayer könnte das Einsetzen der Blockchain-Technologie ihre Einnahmequellen minimieren oder gar ganz ausradieren. Handkehrum könnten diese doch immensen Einflüsse künftig das Handeln mit Energieprodukten für die Energieunternehmen, die mit dem Transaktionstool Blockchain ihre Energietransaktionen durchführen, angenehme Nebeneffekte in Form von deutlich geringeren Kosten haben. Zur Hilfe kommt für die Beantwortung der Forschungsfrage in dieser Arbeit die Analyse vom Disruptionspotenzial der Branche, die Auflistung und Bewertung von bevorstehenden Transaktionkostenflüssen sowie eine Gegenüberstellung der heutigen drei Blockchain-Lösungen für den OTC-Handel.

1 Einleitung

1.1 Ausgangslage

Blockchain ist in der modernen Wirtschaftswelt in aller Munde, so auch in den Energieunternehmen. Im heutigen Umfeld wird Blockchain nur vereinzelt angewendet und wenn, dann nur mit ausgewählten Kunden und unter Einsatz von Einzelverträgen mit diesen. Die Alpiq AG zum Beispiel hat genau einen derartigen Vertrag mit einem Kunden in Polen ausgehandelt, insbesondere auch, um Blockchain als ‚Proof-of-Concept' in der Praxis auszutesten (alpiq.com, 2018). Die Einführung von Blockchain-Technologie geht in der Energiebranche gesamthaft betrachtet recht langsam voran, was mehr oder weniger mit vorsichtiger Zurückhaltung der Energieunternehmen, aber auch mit mangelndem Vertrauen der Teilnehmer in diese Technologie an und für sich zu begründen ist. Nichtsdestotrotz gibt es allerdings erste umfassende Versuche, Blockchain im grösseren Rahmen zu nutzen, wie das Beispiel des Projekts Enerchain zeigt. Dieses Projekt, welches seit dem Jahre 2016 von der Firma Ponton GmbH in Hamburg geführt wird und bei dem über 40 Energieunternehmen mitmachen, ist als Vorzeige- und Prototyp-Versuch anzusehen (Ponton GmbH, 2018). Im Rahmen dieses Projektes, welches namentlich seit Mai 2019 in Echtbetrieb ist, soll der OTC-Handel (Over-The-Counter oder auch Sekundärhandel genannt) via Blockchain geführt werden, um insbesondere Transaktionskosten senken und die Anzahl der in die Handelsgeschäfte involvierten Zwischenhändler reduzieren oder gar ausschalten zu können. Es gilt anzumerken, dass in der momentan technisch hoch entwickelten Arbeitswelt der OTC-Handel immer noch sehr manuell abgehandelt wird. Dies zeigt ein Beispiel eines aktuellen aber eben traditionellen OTC-Handels - da ruft ein Energiehändler einen oder (mehrere) Broker via Telefon an und fragt nach Offerten für eine bestimmte Menge Energie (z.B. Strom in Megawatt) für eine bestimmte Laufzeit. Wird ein Gegenpart gefunden, kommt das Geschäft zustande und der Zwischenhändler bestätigt dem oder den Geschäftspartnern, dass der Handel ausgeführt wird. Die üblichen vertraglichen Systemeintragungen in den vorgegebenen Handelssystemen der Unternehmen gehen dann manuell, das heisst traditionell und somit langatmig vonstatten. Dieser manuelle Prozess schreit förmlich nach einer modernen und zeitnahen Lösung, die in einer Blockchain-Anwendung bereitgestellt werden kann. In der vorliegenden Arbeit gilt es herauszufinden, welche Blockchain-Anwendungen bereits vorhanden oder in Vorbereitung sind und welche Vorteile für die Anwender der Blockchain-Technologie in der Energiebranche zur Verfügung stehen oder stehen werden. Sodann gilt es aber auch auf die Nachteile beim OTC-Handel mit Blockchain-Anwendung hinzuweisen, weshalb diese nicht für alle Teilnehmenden positiv erscheinen.

1.2 Phänomen

Generell lässt sich in letzter Zeit beobachten, dass sich wichtige Energieunternehmen eine unkompliziertere und weniger zeitaufwändige Abwicklung der heute teils immer komplexeren Vertragswerke wünschen. Insbesondere im Sekundärmarkt, wo die operativen Kosten für eine Transaktion mit Brokern unter Anwendung von traditionellen manuellen Arbeitstechniken rasch die Kosten eines börsengehandelten Deals übersteigen, ist die Blockchain-Technologie eine Chance, manuelle arbeitsintensive Arbeitstechniken zu reduzieren und damit auch vorprogrammierte Risiken von Fehlern auf ein Minimum zu begrenzen. Im Weiteren wird unter Anwendung der neuen Methode erwartet, dass die Wirtschaftlichkeit erheblich gesteigert werden kann, indem die Transaktionskosten, also die Kosten für einen Deal im OTC-Handel im Gegensatz zur heutigen manuellen Transaktionverarbeitung deutlich günstiger gestaltet werden können.

1.3 Relevanz

Ein Trend lässt sich auch in den Energieunternehmen indes bereits heute beobachten: Kosteneinsparungen sind auch in dieser Branche ein begehrtes und zukunftsorientiertes Thema. Blockchain kann ein effektives Mittel zur Umsetzung dieses Zieles sein. Damit könnten auf einen Schlag die rechtlichen Gegebenheiten vereinfacht, der Zwischenhandel bei OTC-Deals gesenkt und somit bedeutende Transaktionskosten eingespart werden. Die Blockchain-Technologie kann im Endeffekt auch helfen, Finanzflüsse eines Energieunternehmens weiter zu optimieren. Es scheint eine logische Folge zu sein, dass diese Technologie auch in den Energieunternehmen in naher Zukunft eine bedeutendere Rolle spielen könnte, als dies bisher in dieser Branche üblich ist.

In der Folge lässt sich aus Forschungssicht wiederum ableiten, dass bei einer flächendeckenden Umsetzung der Blockchain-Anwendung in der heute gegebenen Umgebung in den Energiemärkten nicht unerhebliche Vorteile als auch Problempunkte vorprogrammiert sind. Ziel soll schlussendlich sein, die Probleme äusserst rasch und effektiv in den Griff bekommen zu können, damit die kostengünstige Blockchain-Technologie in den Energiemärkten flächendeckend und erfolgreich eingesetzt werden kann.

1.4 Fragestellung

In der vorliegenden Arbeit soll gezeigt werden, welche Einsatzmöglichkeiten in Sachen Blockchain im Trading von Energieprodukten vorhanden sind, welche Probleme dem OTC-Energiehandel im Wege stehen und wie die konkreten Lösungsansätze aussehen könnten.

Die zentrale Fragestellung lautet deshalb:

Welche Vorteile, Nachteile als auch Probleme im Kontext der Einführung von Blockchain im Handel von Energieprodukten mit Brokern sind erkennbar, welche Vorteile sollten weiter erforscht und ausgebaut werden, und welche Lösungsansätze sind in der Praxis umzusetzen, um allfällige Probleme zu eliminieren, damit Blockchain im Energiehandel flächendeckend marktfähig eingesetzt werden kann?

1.5 Zielstellungen und erwartende Ergebnisse der Arbeit

Folgende Ergebnisse werden mit dieser Arbeit erwartet:

- Aufzeigen der heutigen Blockchain-Lösungen im Handel von Energieprodukten sowie Charakterisierung der Vorteile und der Probleme von Blockchain-Lösungen im Energiehandel mit ‚Over-the-Counter (OTC)'-Geschäften.
- Ableitung und Abgabe von Handlungsempfehlungen zur optimierten Nutzung von smarten Kontrakten in der Blockchain-Umgebung im Kontext von OTC-Geschäften der Energieprodukte mit Brokern.

1.6 Abgrenzungen

Es wird in vorliegender Arbeit auf folgende weiterreichende Analysen verzichtet und es gelten folgende Einschränkungen:

- Börsengehandelte Energieprodukte werden in dieser Arbeit ausgeklammert; es wird also nur auf OTC-Geschäfte mit Brokern Bezug genommen. Im Allgemeinen werden die üblichen Börsenhandelsgeschäfte ausgeklammert und bestenfalls als Vergleich zu den Brokern miteinbezogen.
- Die Energiegeschäfte in dieser Arbeit sind im Wesentlichen auf Strom-, Gas-, Öl-, und CO_2-Produkte beschränkt.

1.7 Aufbau der Arbeit

Zunächst wird im ersten Teil, dem Theorieteil, der Definition von Blockchain Beachtung geschenkt. Nach einer kleinen Einführung zur allgemeinen Definition von Blockchain wird zur Hauptsache auf die Blockchain-Technologie im Energiebereich hingewiesen. Zugrundeliegend sollen hier der aktuellste Literaturstoff sowie die neusten und modernsten Erkenntnisse miteinbezogen werden. In einem zweiten theoretischen Schritt werden die Einflussfaktoren im Kontext der OTC-gehandelten Energieprodukte thematisiert. Aufgrund dieser Grundlage wird im zweiten, auswertenden Teil analysiert, welche Erfolgsfaktoren eine günstige Zukunft der Blockchain-Technologie in der Energiebranche hervorsagen und welche aktuellen Nachteile noch nach Lösungen flehen. Im Weiteren wird eine Auflistung von aktuellen Blockchain-Anwendungen und spezifischen Arbeitsvorgängen im Energiebereich aufgezeigt. Zum Schluss werden eine Zusammenfassung sowie eine Handlungsempfehlung präsentiert.

2 Theorieteil

2.1 Grundlagen und Kategorisierung Blockchain-Technologie

In diesem ersten Teil werden die Grundlagen von Blockchain, eine Kategorisierung von Blockchain anhand der Wegleitung der Finanzaufsichtsbehörde der Schweiz, eine kurze Übersicht zum Thema OTC sowie eine Definition von Smart Contracts erörtert und aufgezeigt, allerdings ohne tiefer ins Detail zu gehen.

2.1.1 Verstehen der Blockchain-Technologie

Blockchain ist eine dezentrale, hochverschlüsselte Datenbank, welche eine Basistechnologie, auf der man verschiedene Anwendungen entwickeln kann, darstellt. Das System speichert Transaktionen blockweise ab. Kette (chain) heisst es darum, weil jeder Block mit dem vorherigen und nachfolgenden Block verschlüsselt und gespeichert wird und so eine Kette von Blöcken bildet.

In den Worten eines Blogbeitrags von REPOWER (repower.com, 2019) kann die Blockchain-Technologie auch folgendermassen beschrieben werden: Blockchain ist eine digitale Verschlüsselungstechnik, über die sich Handelsgeschäfte direkt abwickeln lassen. Das besondere Merkmal der Blockchain ist dabei ihre Dezentralität. Datensätze werden nicht mehr auf zentralen Servern abgelegt, sondern dezentral auf viele verschiedene Rechner verteilt.

Vielleicht hilft eine Umschreibung des Buches ‚Übermorgen – Eine Zeitreise in unsere digitale Zukunft' von Jörg Eugster (2019, S. 183) um die Blockchain-Technologie ein bisschen einfacher zu erklären und verstehen zu können: Ihrem Freund oder Ihrer Freundin leihen Sie EUR 1'000 aus. Es sitzen 100 Zeugen im Raum, die die Transaktion mitbekommen und wie folgt bestätigen: Sie leihen ihrem Freund oder Ihrer Freundin EUR 1'000 am tt.mm.jjjj um hh:mm Uhr aus. Ein Algorithmus verschlüsselt nun diese Transaktion mit einer vorhergehenden. Sobald mehr als die Hälfte der Teilnehmenden, also mindestens 51 Zeugen, diesen Deal mit der vorherigen Transaktion kodiert haben, gilt die Transaktion als notiert und bestätigt. Nun, eine Woche später jedoch behauptet ihr Freund oder Ihre Freundin, dass er oder sie nur EUR 500 von ihnen geliehen habe. Diese Behauptung ist nun schwierig zu beweisen, denn mindestens 51 Zeugen haben ja bestätigt, dass es EUR 1'000 gewesen sind. Das Kunststück von ihrem Freund besteht jetzt darin, mindestens ebenso 51 Zeugen zu finden, die bestätigen, dass der ursprünglich geliehene Betrag nur EUR 500 war. Weil die Leihtransaktion damals von mindestens 51 Zeugen protokolliert wurde, wird es für sie leicht sein, die Behauptung ihres Freundes oder ihrer Freundin zu widerlegen. Noch unfruchtbarer wäre der Versuch ihres Freundes/ihrer Freundin, die 51 Teilnehmer zu hacken, da diese Teilnehmer die Datenbanken hochgradig verschlüsselt haben.

2.1.2 Kategorisierung von Blockchain in der Schweiz durch die FINMA

In der Schweiz hat die Finanzmarkaufsicht (kurz: FINMA) im Jahr 2018 eine Wegleitung herausgegeben, die im Rahmen eines ‚Initial Coin Offering' gewisse Merkmale im Umgang mit Blockchain in der Finanzindustrie manifestiert. Die Schweiz ist mit der Einführung einer Regulierung von Blockchain-Technologie führend, zumal eine Wegleitung in Sachen Blockchain im Jahr 2018 wohl eine Einzigartigkeit in der Blockchain-Welt darstellt.

Die Wegleitung beschreibt im Grossen und Ganzen die Kategorisierung von Blockchain-Token in drei Kategorien: 1. Zahlungs-Token, 2. Nutzungs-Token, 3. Anlage-Token. Unter Zahlungs-

Token versteht man Token, die die Absicht haben, als Zahlungsmittel eingesetzt zu werden, was in der Fachwelt unter Kryptowährungen verstanden wird. Nutzungs-Token beschreibt die FINMA mit: ‚Token, die Zugang zu einer digitalen Nutzung oder Dienstleistung vermitteln sollen, welche auf oder unter Benutzung einer Blockchain-Infrastruktur erbracht wird'. Bei Anlage-Token sind Token gemeint, die Vermögenswerte repräsentieren, wie zum Beispiel schuldrechtliche Forderungen gegenüber Emittenten oder ein Mitgliedschaftsrecht im gesellschaftsrechtlichen Sinne (Aktien, Obligationen, Derivatives Finanzinstrument). Die FINMA bezeichnet Token, bei welchen die Klassifizierung sich nicht gegenseitig ausschliessen als ‚hybride Token', sprich ein Token ist ein Nutzungs-Token, aber beinhaltet eine Kryptowährung (es wird zum Beispiel mit Bitcoin bezahlt), und demnach gilt auch der Zahlungs-Token als Bestandteil des Tokens (finma.ch, 2018).

Der Autor dieser Arbeit möchte gerne darauf hinweisen, dass das Beispiel von Alpiq AG im Einführungsteil genau einen hybriden Token beschreibt. Die zu liefernde Menge von Energie wird mit einer Kryptowährung bezahlt und somit erfüllen doch mindestens zwei Token-Kategorisierungen das hybride Konstrukt. Weiter möchte der Autor darauf hinweisen, dass die meisten Energieunternehmen nicht den Regulierungen der FINMA unterstellt sind, trotzdem aber von Regulierungsbehörden in Europa (Regulierungen: MiFID II, REMIT, EMIR, etc.) beaufsichtigt werden. Die von der FINMA bereitgestellte Kategorisierung macht dennoch insofern Sinn, um einen Überblick über die verschiedenen Blockchain-Kategorien zu erhalten.

2.1.3 Definition von Smart Contracts

Nick Szabo, Computer- und Rechtswissenschaftler, gilt als ideeller Vater des Smart Contract. Szabo hat Smart Contract folgendermassen definiert: Ein Smart Contract ist ein computerisiertes Transaktionsprotokoll, das Vertragsbestandteile ausführt. Hauptzweck ist die Durchsetzung von allgemeinen Vertragsbedingungen, die Minimierung von vorsätzlichen und fahrlässigen Vertragsbrüchen und die Notwendigkeit von vertrauenswürdigen Intermediären (Zwischenhändlern). Ökonomisch gesehen, soll dies zu weniger Verlusten durch Betrug, Schlichtungs- und Durchsetzungskosten sowie anderen Transaktionskosten führen (Gyr, 2019, S. 90).

Im Kontext von Smart Contracts übernimmt die in der Schweiz ansässige Ethereum-Stiftung eine Vorreiterrolle. Der Terminus Smart Contract findet zwischenzeitlich eine allgemeine Verwendung. Als Smart Contracts werden bestimmte Codes von Ethereum benannt, die auf Ethereum-Blockchain initiiert werden können. Diese können mit anderen Smart Contracts interagieren, Entscheidungen treffen, Daten speichern und im Falle von Ethereum die Kryptowährung Ether versenden. Die spezifischen Eigenschaften können durch ihre Schöpfer bestimmt werden, die Ausführung und allfällige weitere Serviceleistungen jedoch werden durch die Blockchain von Ethereum vorgenommen. Smart Contracts existieren solange, als das Netzwerk, die Blockchain, selbst existiert und sie werden nur dann aufgelöst, wenn sie zur Selbstzerstörung programmiert werden (Gyr, 2019, S. 89).

Deloitte (deloitte.com, 2016, S. 1) erklärt Smart Contracts als effektive Programme, welche innerhalb einer Blockchain geladen werden, um traditionelle Transaktionen automatisch mit vordefinierten Codes ausführen zu lassen. Als Beispiel für einen Smart Contract auf Blockchain Ebene nennen sie eine automatische Ausführung des ganzen Kontrakts, wenn eine bestimmte Bedingung des Vertrages (z.B. bestimmte Preis- oder Volumenkonditionen wurden erfüllt) vorgängig ausgelöst wurde. Weiter beschreiben sie, dass der Smart Contract auf Blockchain dezentralisiert aufgebaut ist, und in diesem Falle keine Intermediäre als Zwischenhändler im Wege stehen.

Im weiteren Verlauf der Arbeit wird vorausgesetzt, dass die Blockchain-Technologien im Energiehandel als Smart Contracts verstanden werden.

2.1.4 Definition von ausserbörslichem Handel (OTC-Handel)

Der ausserbörsliche Handel, auch Over-The-Counter Handel (kurz: OTC) genannt, bezieht sich auf Transaktionen, die nicht an einer offiziellen Börse (z.b. EEX – Energy Exchange in Leipzig), und somit ausserbörslich getätigt werden (ig.com). Im OTC Handel müssen sich die Geschäftspartner kennen oder über einen Broker Kontakt miteinander aufnehmen. Die Geschäfte kommen auf Online-Handelsplattformen oder über das Brokerunternehmen telefonisch zustande (next-kraftwerke.de). Der OTC-Handel erfolgt ohne zwischengeschaltete Instanzen oder Clearingstellen. Die gehandelten Volumina und Preise sind nur den Vertragspartnern bekannt (Doleski, 2019, S. 530).

2.2 Die Sicht des Managements auf die Blockchain-Technologie

Des Weiteren wird in dieser Arbeit kurz auf eine Umfrage mit CIOs (Chief Information Officers) von Gartner (gartner.com, 2019) hingewiesen. Die Umfrage wurde insbesondere initiiert, um herausfinden zu können, ob Blockchain in den Kreisen der verantwortlichen Firmenmanager als praxistauglich und somit real empfunden wird, oder ob es sich dabei eher um einen modernen Hype handelt. 60% der befragten CIOs glauben, dass irgendeine Form von Blockchain im Verlaufe der nächsten drei Jahren entwickelt und in der Praxis gewinnbringend einsetzbar ist, jedoch nur 5% der Befragten finden, dass Blockchain speziell ihrer Organisation einen entscheidenden Impuls bringen wird. Das Resultat der Umfrage wiederspiegelt somit den momentan vorsichtigen Praxisbezug von Blockchain in der Energiebranche.

Die meisten Organisationen - so auch ab dem Jahre 2018 die Alpiq AG - haben bisher nur in kleinen Bereichen mit Blockchain gearbeitet. Die Top Performer von Unternehmen, die Blockchain-Technologie nutzen, sind aber bereits intensiv auf der Suche, künstliche Intelligenz und Internet of Things (IoT) in ihre Businessmodelle zu integrieren. Gemäss Gartner (2019) könnte dies mit folgenden fünf Elementen versucht werden bzw. gelingen:

Abbildung 1: Five elements of blockchain. Quelle: gartner.com (2019)

Um kurz auf die fünf verschiedenen Elemente von Gartner (2019) einzutreten: Verteilung (Distribution) bedeutet, dass alle Teilnehmer physisch in einer anderen Lokalität mittels eines Netzwerks verbunden sind. Verschlüsselung (Encryption) sagt aus, dass Blockchain-Technologie mit öffentlichen oder privaten Schlüsseln sicher für die Datenübermittlung benutzt wird. Die Teilnehmer können selber entscheiden, welche Identitäten oder persönlichen Informationen sie weitergeben wollen. Die Unveränderlichkeit (Immutability) beschreibt, dass alle kompletten Transaktionen kryptographisch signiert und mit einem Zeitstempel datiert werden. Die Daten können also nicht verändert werden, ausser die Teilnehmer entscheiden sich gegenseitig dazu. Technisierung (Tokenization) beruft sich darauf, dass Blockchain einen sicheren Austausch von Werten und Kodexen finanzieller oder physischer Inhalte darstellt. Die Dezentralisierung (Decentralization) bedeutet, dass es Knoten braucht, um Netzwerkinformationen und Regeln mit Konsensmechanismen zur Geltung bringen zu können. Dies bedeutet nichts anderes, als dass kein alleiniger Teilnehmer die Kontrolle aller Computer oder Informationen diktieren kann und darf.

Diese fünf Elemente können den Verantwortlichen in Unternehmen helfen, Blockchain zu verstehen und allenfalls Entscheidungen in die richtige Richtung zu treffen.

2.3 Blockchain-Technologie in der Energiebranche

2.3.1 Vergleich Blockchain in der Energiebranche zu anderen Branchen

Die Energiebranche hinkt bei der Nutzung und Implementierung von Blockchain-Technologie im Vergleich zu anderen Branchen, speziell zur Finanzbranche, weit hinterher. Im weltweiten Vergleich, den das Cambridge Centre for Alternative Finance in ihrem Bericht ‚Global Blockchain Benchmarking Study' im Jahr 2017 veröffentlichte (invesco.com, 2018), stehen in der Energiebranche nur 3% von bevorstehenden oder bereits implementierten Blockchain-Projekten eines Zehnfachen (30%) in der Finanzbranche gegenüber.

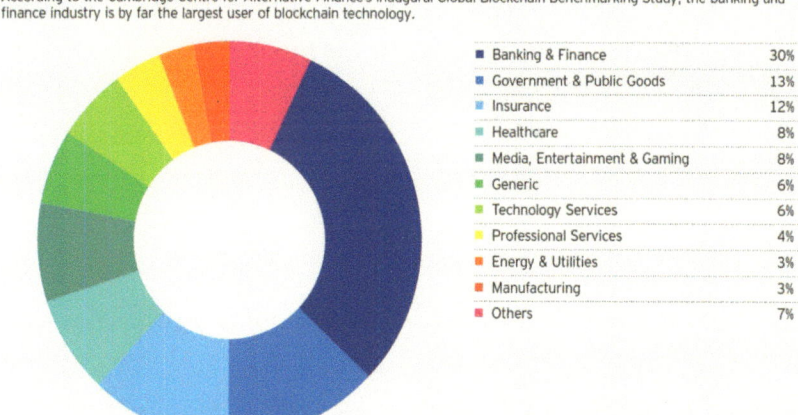

Finance leads the blockchain revolution
According to the Cambridge Centre for Alternative Finance's inaugural Global Blockchain Benchmarking Study, the banking and finance industry is by far the largest user of blockchain technology.

■ Banking & Finance	30%
■ Government & Public Goods	13%
■ Insurance	12%
■ Healthcare	8%
■ Media, Entertainment & Gaming	8%
■ Generic	6%
■ Technology Services	6%
■ Professional Services	4%
■ Energy & Utilities	3%
■ Manufacturing	3%
■ Others	7%

Abbildung 2: Finance leads the blockchain revolution. Quelle: Invesco.com, 2018, S. 2, basierend auf Global Blockchain Benchmarking Study 2017 des Cambridge Centre for Alternative Finance

Nichtsdestotrotz scheinen sich die Bemühungen in der Energiebranche zu intensivieren, wie einem Artikel auf greentechmedia.com (2018) zu entnehmen ist. In diesem Artikel wird darauf verwiesen, dass es 122 Blockchain Startups im Energiesektor gibt, über 70 Startups bereits ein Projekt planen, oder entwickelt und realisiert haben. Im Jahr 2017 waren über 900 Millionen US Dollars in Projekte investiert und alleine vom zweiten Quartal 2017 bis Ende erstes Quartal 2018 sind weltweit weitere 324 Millionen US Dollars in diese Technologie investiert worden. Diese neueren Zahlen weisen tendenziell darauf hin, dass sich die grosse Distanz zur Finanzbranche möglicherweise in Zukunft verkleinern könnte.

Die Beraterfirma McKinsey bemühte sich im Jahr 2018 (mckinsey.com, S. 7) in einem Bericht aufzuzeigen, wie sich Blockchain in den verschiedenen Industriebranchen bezüglich Wirtschaftlichkeit auswirken kann. Im Bericht selber wird konkret auf die Punkte Kosten (Cost) und später Einnahmen (Revenue) Bezug genommen. Diese beiden Punkte sind auch bei den Energieunternehmen (Utilities) in Abbildung 3 gross mit blauen Kreisen gekennzeichnet und bedeuten, dass einerseits mit einer funktionierenden Blockchain-Technologie in einem kurzfristigen Zeitrahmen die Kosten deutlich gesenkt und anderseits mit neuen Geschäftsmodellen längerfristig Mehreinnahmen generiert werden können. Des Weiteren schreibt McKinsey, dass aufgrund verschiedener Schlüsselpunkte - gemeinsam mit der Industrie erarbeitete Standards, Fortschritte in der Technologie, digitalisierbar machende Güter sowie ein Einsetzen eines sinnvollen und praktikablem Ökosystem - die Umsetzung und Durchführbarkeit in der Praxis auf einer skalierbaren Grösse drei bis fünf Jahre dauern könnte. Zusammenfassend ist somit festzuhalten, dass die Energiebranche im Vergleich zu anderen Branchen riesige Perspektiven aufweist, um mit Blockchain eine grösstmögliche Wertschöpfung realisieren zu können.

The value at stake from blockchain varies across industries.

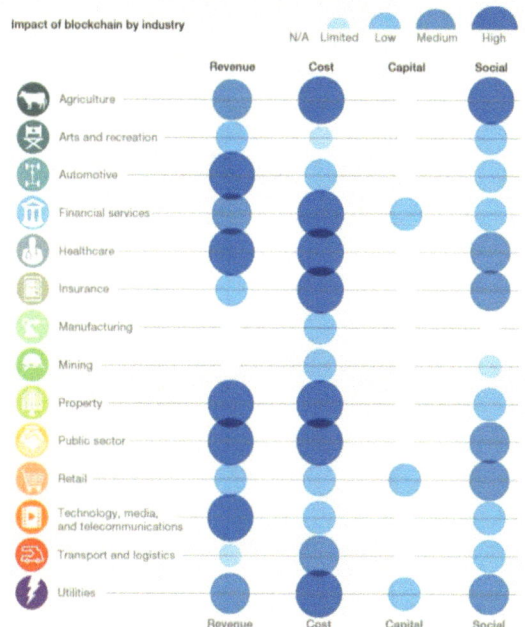

Abbildung 3: Impact of blockchain by industry. Quelle: McKinsey, 2018, S. 7

2.3.2 Überblick Nutzung von Blockchain in der Energiebranche

Accenture (accenture.com, 2018, S. 4) referenziert in ihrer Umfrage von Managern in der Energiebranche, dass 62% der ungefähr 600 befragten Unternehmen in der Energie die Blockchain-Technologie und Smart Contracts als kritisch und wenig sinnvoll für ihr Unternehmen beurteilen. 44% der Befragten hingegen planen in Blockchain zu investieren. Weiter schreibt Accenture, dass die Planung weiter in Richtung komplex angesetzte Projekte geht und im Speziellen bis zum Jahr 2021 die Hälfte der Gas- und Elektrizitätsunternehmen auf die kommerzielle Nutzung des Peer-to-Peer Energieaustausches setzt und auf die Erweiterung von e-Mobilität hinzielt.

In untenstehender Abbildung wird ersichtlich, welche Projekte weltweit in der Energiebranche bereits installiert sind oder in Planung stehen. Die Projekte in Blockchain-Technologien werden in neun spezifische Segmente unterteilt, welche den Grosshandel (Wholesale Markets) mit Energie, Smart Homes (DER & Smart Homes), Elektrische Fahrzeuge (Electric Vehicles), ‚Peer-to-Peer' Energie (‚Peer-to-Peer Energy), Wechselmöglichkeiten von Energieverbrauchern (Retail Switching), Zahlungen und Währungen (Payments & Currencies), Operationelle Effizienz (Operations & Efficiency), Gemischte Projekte (Mixed Offerings) und alles Andere (Other) umfassen.

Abbildung 4: Energy-related blockchain projects around the world. Quelle: Accenture, 2018, S. 3

Es ist zu vermerken, dass von diesen 77 aufgezählten Projekten die absolute Mehrheit von 39 Projekten in Europa angesiedelt sind, 22 Projekte gehen auf das Konto von Nord- und Südamerika, gefolgt von Asien und Pazifik mit 13 Projekten, und lediglich drei Projekten auf dem afrikanischen Kontinent.

Das Augenmerk dieser Arbeit gilt Europa und dies lediglich im Kontext des Grosshandel-Segments (in der Legende: rot). Die 'Peer-to-Peer' Energie (grün) wird lediglich am Rande behandelt, weil dieses Energieprojekt faktisch im Grosshandel integriert ist. An einem Beispiel illustriert: Bürger tauschen im Rahmen eines Quartierstrom-Projekts in Walenstadt in der Schweiz seit anfangs 2019 untereinander Solarstrom aus (repower.com, 2019). Die Operationelle Effizienz (violett) wäre eine weitere Kandidatin für die vorliegende Untersuchung gewesen, ist aber in Europa als Projektkategorie nicht vertreten. Trotzdem wird im weiteren Verlauf der Arbeit auf dieses Thema eingegangen. Insbesondere deshalb, weil die operationelle Effizienz innerhalb der einzelnen Segmente oder auch in Abteilungen von Energieunternehmen (z.B. Back-Office) durchaus zu erkennen ist.

Somit wird auf die Projekte im Grosshandel verwiesen, die mit Enerchain, NEW 4.0, Wien Energie & BTL sowie Kynetix aufgelistet sind. Kynetix wird hier aber aufgrund ihrer Bemühungen im Agrikultur-Bereich Blockchain-Technologie einzusetzen - und nicht im Energiebereich - gänzlich aus der Arbeit ausgeschlossen.

2.4 Einflussfaktoren der Nutzung von Blockchain in der Energiebranche

2.4.1 Anforderungen erhöhter Transparenz im Energiehandel

Der Energiehandel auf dem Europäischen Kontinent erfährt durch die Regulierungsbehörden erhöhten Druck auf eine transparente Durchführung des Energiehandels, wie die bereits in Kraft getretenen Regularien EMIR, REMIT und MiFID II bereits fordern. Einführungen von Regularien sind auch immer mit höheren Aufwänden und somit Kosten bei den Energieunternehmen zu verstehen. Namentlich um den Anforderungen der Regulierungsbehörden und deren Vorschriften von Berichten, die die Konformität der gehandelten Deals zuhanden der Regulatoren bestätigen, zu genügen, nehmen die operationellen Abläufe und Arbeiten zu (bcg.com, 2018, S. 2). Diese Anforderungen haben auch die Energieunternehmen in Anbetracht höherer Kosten im operationellen Umfeld zu spüren bekommen, sei dies in Form von erweiterten Reportingaufgaben, der Erweiterung von IT-Sicherheitsstandards und Aufgabenautomatisierungen oder in Form von zusätzlichem spezialisierten und professionellen Arbeitspersonal. Diese zusätzlichen Aufwände wiederum drücken auf die Geschäftsergebnisse in den Unternehmen. Hier könnte die Blockchain-Technologie ein taugliches Mittel sein, Mehrkosten zu senken oder im günstigsten Fall gar zu eliminieren und die Geschäftserlöse somit zu stabilisieren (deloitte.com, 2016. S. 1).

2.4.2 Reduktion der Transaktionskosten

Transaktionskosten beinhalten alle Dienstleistungen, die zur Durchführung eines Energiedeals benötigt werden. Beispielsweise analog einer Clearing-Bank oder einer Strombörse, die Handelsgeschäfte auf traditionelle Art und Weise verrechnen. Klar ist, dass der Fluss zwischen Eingabe eines Deals in den Handelssystemen bis hin zur korrekten Abrechnung und Kontierung die jeweiligen Unternehmen mit Kosten belasten. All diese konventionellen Aufwendungen sind als Transaktionskosten zu verstehen. Wie aber kann es gelingen, diese bis anhin im Wirtschaftsleben üblichen Transaktionskosten zu senken und ist dies überhaupt zu realisieren?

Diese Frage kann ganz klar mit ja beantwortet werden, denn Transaktionskosten können mit der Anwendung von Blockchain und dem Ansatz der Dezentralisierung, sprich dem eigenständigen Verrechnen der Gegenparteien, ausgehebelt werden und somit die externen Transaktionskosten auf ein Minimum gesenkt werden. Die internen Transaktionskosten, also die Kosten, die im Unternehmen entstehen, werden gleichen Teils davon profitieren, weil durch einmalige Eingabe in das Blockchain-System die Transaktionsabwicklung mit geringerem Arbeitsaufwand realisiert werden kann. Dies kann konkret durch Eliminierungen von ineffizienten und kostenintensiven Back-Office-Prozessen wie Aktualisierungen von Volumen, Bestätigungen und zeitintensiven Rückfragen gegenüber Gegenparteien sowie zahlreichen aufwändigen Rekonziliationen wie Kontenabgleichungen und Saldi Abstimmungen (deloitte.com, 2016, S. 1) bewerkstelligt werden. Dr. Bartenschlager spricht von derzeit langen 20 Tagen, bis eine Forderung einer OTC-Energietransaktion beglichen werden kann (utility40.net, 2020), was wiederum ein Kreditrisiko in sich birgt. Mittels Blockchain-Technologie kann diesem Kreditrisiko in Sekundenschnelle effizient und wirkungsvoll begegnet werden.

2.4.3 Anstehende Disruption im Energiehandel

Falls sich die Blockchain-Technologie im Energiehandel in der Zukunft durchsetzen sollte, hat sie durchaus grosses Potenzial, mögliche Teilnehmer am Energiehandelsmarkt zu eliminieren. Alle Zwischenhändler, wie Börsen, Verrechnungshäuser (Clearing-Banken) sowie Brokerunternehmen und Preisreportingagenturen (Unternehmen, die darauf spezialisiert sind, Energiehandelspreise auf den Märkten zu publizieren und somit immense Kosten verursachen) könnten ihre Berechtigungen als Dienstleister verlieren (deloitte.com, 2016, S. 2).

In illiquiden Energiemärkten ist die Gewinnmarge für die Energiehändler momentan relativ hoch, da wenige Player im Wettbewerb mitspielen und somit relativ geringe Informationen in diesen Märkten vorhanden sind. Die wenigen Energiehändler, die sich in diesen Märkten bewegen, werden zurzeit für die fehlenden Informationen und das Tragen dieses Risikos mit höheren Gewinnmargen entlöhnt. Die Blockchain-Technologie kann diese Märkte, welche ineffizient funktionieren (wenig Informationen zu den jeweiligen Märkten), mit zusätzlichen und wichtigen Marktinformationen füttern. Mit Blockchain können diese Märkte sicherlich viel effizienter gestaltet werden. Dies hat für gewisse Energiehändler den Nachteil, dass sie diese Ineffizienzen nicht mehr weiter ausnutzen können, und somit an Gewinnspannen bei den Energiedeals verlieren werden (bcg.com, 2018, S. 1).

2.5 Blockchain-Technologie im OTC-Handel von Energieprodukten in der Praxis

2.5.1 Enerchain

Die von Ponton GmbH im Jahr 2016 lancierte und von 43 mitwirkenden europäischen Energieunternehmen (ponton.de, 2018, S. 4) unterstützte Blockchain-Plattform Enerchain 1.0 wurde am 20. Mai 2019 live in Szene gesetzt. Diese Plattform hat sich als erste Blockchain basierte Handelsinfrastruktur positioniert und den OTC-Energiehandel in Strom- und Gasprodukten in standardisierten Spot- (Lieferung am nächsten Tag) und Terminkontrakten anvisiert. Die mitwirkenden Energiehändler installieren hierbei einen Knoten der Blockchain sowie die erforderlichen Händler-Screens, über die Handelsaufträge effizient übermittelt und abgeschlossen werden können (Burgwinkel, 2016, S. 94). Gemäss Pressemitteilung dieser Blockchain-Plattform können die teilnehmenden Energieunternehmen beliebig weitere Energieprodukttypen zum Handeln mit dieser Technologie definieren. Ebenso wird proklamiert, dass ein einzelner Handel eine winzige Sekunde dauert, was die Plattform Enerchain mit dieser rasanten Abwicklung und Synchronisation von Handelsdaten unter den Handelspartnern auf eine neue und finanziell hochinteressante Ebene bringt. Um auf dieser Blockchain-Plattform mithandeln zu können, müssen die Teilnehmer zurzeit lediglich eine monatliche Gebühr von EUR 500 entrichten. Das ist wesentlich kostengünstiger, als für jede einzelne Transaktion im Brokergeschäft Gebühren zahlen zu müssen (enerchain.com, 2019). Insbesondere Handelspartner, die sehr viele Transaktionen im Monat durchführen, erfahren mit Unterstützung der Blockchain-Plattform Enerchain 1.0 eine nicht unerhebliche Kostenreduktion auf ihren gehandelten Transaktionen. Enerchain spricht und träumt davon, sollte der Trend auf Dezentralisierung weiter anhalten, in naher Zukunft zur führenden Handelsplattform aufsteigen zu können.

2.5.2 NEW 4.0

NEW 4.0 ist ein Netzwerk von etwa 60 Partnergesellschaften, welche sich verschrieben haben, die Energiewende in Norddeutschland gemeinsam zu gestalten. NEW bedeutet Norddeutsche EnergieWende. Insgesamt hat NEW 4.0 sechs Use Cases angedacht. Einer dieser Use Cases im Projekt NEW 4.0 hat zum Ziel, eine Blockchain-Technologie für den Intraday-Stromhandel (Lieferungen innerhalb eines Tages) einzuführen. Diese Technologie steht in Konkurrenz zu Enerchain, die sich grundsätzlich für Handelsaufträge mit Lieferung länger als einen Tag spezialisiert, jedoch auch Handelsgeschäfte mit kurzfristigen Produkten betreibt. Die Vordenker von NEW 4.0 möchten den Intraday-Stromhandel zusätzlich auf die Genauigkeit bei den Liefermengen ausweiten und verbessern und so den Vorteilen von Enerchain (schnellere Abwicklung und tiefere Auftragskosten) auf andere Art und Weise begegnen.

Stand heute ist anzufügen, dass mit dem Netzwerk NEW 4.0 beim Intraday-Handel, welcher alle 15 Minuten stattfindet, bis fünf Minuten vor Lieferbeginn Liefermengen gekauft und verkauft werden können. NEW 4.0 zielt darauf ab, den Handel auch innerhalb dieser 15 Minuten zu betreiben. Aktuell ist es heute so: kann ein Energieunternehmen die vereinbarten Liefermengen nicht genau liefern oder entgegennehmen, wird eine Busse, sogenannte Ausgleichsenergiekosten, ausgesprochen. Mit dem Handel innerhalb von 15 Minuten könnten beim Netzwerk NEW 4.0 diese Ausgleichsenergiekosten gesenkt bzw. gespart werden. Namentlich durch eine höhere Schärfe kann der kurzfristige Stromhandel bedarfsgerecht und somit möglichst gewinnbringend gestaltet werden. Auch hier hat die Firma Ponton GmbH zusammen mit der Hamburg Energie die Federführung und versucht seit Mai 2019 eine diesbezügliche Blockchain-Plattform aufzubauen (new4-0.de, 2019).

2.5.3 Wien Energie & BTL

Wien Energie hat zusammen mit Riddle&Code eine Blockchain-Infrastruktur für ein Stadtentwicklungsgebiet aufgebaut. Es soll eine End-to-End Lösung für Blockchain-Systeme in der E-Wirtschaft geschaffen werden. In ihrem Projekt beziehen sich die beiden Parteien darauf, dass via Blockchain eine E-Ladestation im VIERTEL ZWEI in Wien mit sogenannten automatisierten Stromverträgen sowohl Strom von den eigenen Solaranlagen als auch vom Energiegrosshandel in Leipzig (EEX) bezogen werden kann (wien.gv.at, 2018). Dieses Projekt zeigt deutlich, auch wenn hier der OTC-Handel noch nicht im Spiel ist, dass Endkunden direkt via Blockchain-Technologie ihren Strom- und/oder Gasbedarf in Zukunft selbst decken können.

2.6 Herausforderung von Blockchain im OTC-Energiehandel

Einen zielführenden und wirtschaftlich interessanten Markt aufzustellen, der das Angebot und die Nachfrage stabil hält, und bei dem die marktteilnehmenden Unternehmen Vorteile zu erwarten und vor allem gegenseitiges Vertrauen zueinander haben, stellt für die Energiebranche eine grosse Herausforderung dar. Ohne Vorteile und Vertrauen in die Blockchain-Technologie werden auch die Marktteilnehmer einem solchen OTC-Markt fernbleiben, was schlussendlich bedeutet, dass weder Angebot noch Nachfrage vorhanden sein werden. Das bedeutet im Schlusseffekt auch, dass weiterhin über die bis anhin geltenden Handelsplätze, sprich Brokerhäuser Energiehandelsgeschäfte getätigt werden, was wiederum bedeutet, dass Strom, Gas, Öl und CO_2 auf die übliche alte sowie wirtschaftlich nachteilige Art und Weise gehandelt wird.

2.7 Kritische Stimmen

In Internetforen, in den alten Medien als auch in der Wirtschaft als solches ist ein Hype rund um Blockchain und dessen disruptiven Charakter entstanden. Dieser Hype hat sich in letzter Vergangenheit jedoch ein wenig gelegt. Viele Unternehmen testen seither an kleinen Projekten diese neuen technologischen Errungenschaften. Die Boston Consulting Group (bcg.com, 2018) etwa schreibt, dass die zu entscheidenden Manager nicht gleich alles auf das Pferd Blockchain setzen sollen. Sie mögen doch in der Vortestphase Vor- und Nachteile gegenseitig abwägen, bevor sie in Richtung Blockchain-Technologie und deren Einsatz in ihren Unternehmen entscheiden. Es ist auch ein strategischer Entscheid, der die heutigen IT-Systeme unter Umständen vollumfänglich ersetzen könnte, was wiederum zu enorm hohen Investitionen führen könnte. PWC (pwc.com, 2017, S. 15) prangert an, dass Blockchain eine sehr energieintensive Technologie sei. Auch schreibt PWC, dass die regulatorischen Behörden weiter zu überzeugen seien, dass Blockchain eine für die Energieunternehmen optimal operationell belastbare Lösung sein könnte. McKinsey (mckinsey.com, 2018, S. 3) deutet auf die Möglichkeit hin, dass selbst eine Blockchain-Infrastruktur attackiert werden kann und demnach eine hundertprozentige Sicherheit nicht unbedingt als gegeben hingenommen werden darf.

2.8 Zusammenfassung Theorieteil

Im ersten Teil wurden Begrifflichkeiten rund um Blockchain, Smart Contracts und OTC-Handel dargelegt und beschrieben. Ein kleiner Teil der regulatorischen Behandlung in der Schweiz wurde aufgezeigt, bevor es im nachfolgenden Teil darum ging, die ersten Schritte zur Entscheidungsgrundlage für eine Investition in die Blockchain-Technologie darzulegen. In einem weiteren Teil wurden die Energiebranche mit anderen Wirtschaftsbranchen verglichen, die Energiebranche auf Ihre Nutzung von Blockchain überprüft und die Einflussfaktoren einer Blockchain-Technologie in der Energiebranche erörtert. Letztlich wurde auf die im heutigen Umfeld wichtigen Applikationen und deren Herausforderungen hingewiesen.

Aber auch auf kritische Punkte wurde eingegangen. Einerseits wird prinzipiell die Energieintensität bei Anwendung der Blockchain-Technologie beklagt, andererseits die IT-Sicherheit in Frage gestellt, können doch in der Blockchain-Technologie erfolgreiche Hacker-Angriffe nicht gänzlich ausgeschlossen werden. Weiter dürfte die Überzeugung der Regulierungsbehörden, dass Blockchain eine im operationellen Umfeld belastbare Lösung sein kann, ein ernstzunehmendes Thema sein. Auch wird explizit hervorgehoben, dass Entscheidungsträger vor einer möglichen Investition in eine Blockchain-Technologie und vor Einführung einer Blockchain-Lösung seriöse Lagebeurteilungen vornehmen sollten. Konkret wird dabei auf die IT-Infrastruktur abgezielt, muss nämlich aus Sicherheitsgründen eine ganze IT-Landschaft erneuert werden, kommt das die Unternehmen ungemein teuer zu stehen.

Im nun folgenden Auswertungsteil werden mutmassliche Vor- und Nachteile im OTC-Handel bei den Energiebetrieben beschrieben und bewertet sowie im Nachgang Handlungsempfehlungen für künftige Blockchain-Lösungen abgegeben.

3 Auswertungsteil

Im Theorieteil wurden die aktuellen Projekte, die sich mit Blockchain-Technologie im Energiehandel von OTC-Produkten auseinandersetzen, behandelt. Im vorliegenden Kapitel nun werden vom Autor die Möglichkeiten und Hinderungsgründe einer künftig optimalen Nutzung dieser Technologien im OTC-Handel von Energie hergeleitet.

3.1 Potenziale und Probleme des OTC-Energiehandels via Blockchain

3.1.1 Disruptionspotenziale im OTC-Energiehandel

Das Disruptionspotenzial im OTC-Energiehandel scheint objektiv und positiv gesehen von immenser Qualität, insbesondere und speziell im Bereich von namhaften Transaktions- und Personalkosteneinsparungen. Das bedeutet im Umkehrsinn, dass gewisse Unternehmen, die heute im OTC-Energiehandel viel Geld generieren, ihr Geschäftsmodell neu zu überdenken haben, damit sie weiterhin wettbewerbsfähig bleiben und Renditen erarbeitet werden können.

Disruptionspotenziale in der Energiebranche			
Arbeitsbereiche	Mögliche Reduktion des Arbeitsaufwandes	Mögliche Implikationen am Personalbestand	Mögliche Veränderung des bisherigen Business Models
Abteilung Back-Office	mittel	mittel	klein
Abteilung Kreditrisiko	gross	mittel	gross
Börsen	klein	klein	mittel
Broker	gross	gross	gross
Clearing Banken	gross	mittel	mittel
Preisreportingagenturen	gross	gross	gross

Abbildung 5: Disruptionspotenziale in der Energiebranche. Quelle: eigene Darstellung

Mit Anwendung der Blockchain-Technologie bei OTC-Energietransaktionen in Sekundenschnelle kann das Kreditrisiko - dies zeigt sich bei Anwendung der bisherigen Methode mit möglichen Ausfällen von Geldflüssen - künftig arg reduziert oder gar hinfällig werden. Zudem sind unter Anwendung der neuen Methode künftig im Bereich der Geldfluss-Überwachung immense Personaleinsparungen zu erwarten. Diese Ressourcen können somit eingespart oder aber für anderweitige wichtige Aufgaben in den Unternehmen eingesetzt werden.

Ebenso ist mit Verwendung der heutigen Blockchain-Technologien die Echtzeitabrechnung bereits machbar. Grundlage dazu bildet die gleiche Technologie, welche die Reduktion des Kreditrisikos beinhaltet. Innerhalb einer Sekunde ist der Verkauf- oder Kaufauftrag abgewickelt, bezahlt und zur Lieferung freigeschaltet. Diesbezüglich ist in den Energieunternehmen künftig ebenfalls von namhaften Kosten– und Personaleinsparungen auszugehen. Zur Erstellung von Regulierungsberichten wird es allerdings zurzeit weiterhin ein Back-Office brauchen.

Mit einer flächendeckenden Einführung von Blockchain-Energiehandel im OTC-Bereich könnten die Zukunft der Brokerunternehmen plötzlich in Frage gestellt werden und deren Einnahmequellen gänzlich versiegen. Auch die Zwischenhändler, die nach bisheriger Manier geeignete Geschäftspartner für ausserbörsliche Transaktionen suchen, einen Preis in Aussicht stellen und für die nachfolgenden Transaktionen Gebühren kassieren, werden künftig nicht mehr benötigt. Die bestehenden Brokerunternehmen müssen sich, sollte die OTC-Blockchain-Technologie künftig tatsächlich flächendeckend Fuss fassen, ihr Geschäftsmodell modifizieren, um überhaupt weiter bestehen zu können.

Ein weiteres Opfer einer möglichen zukünftigen Blockchain-Erfolgsstory im OTC-Energiehandel könnte das Clearing-Bankenwesen sein. Im Gegensatz zu den Zwischenhändlern befassen sich die Clearing-Banken allerdings nicht nur mit der Energiebranche. Ihr Geschäftsmodell basiert auf vielfältigen Standbeinen, so dass deren Existenz zumindest nicht vom Verrechnungsmodell OTC abhängt.

Als letzte aktuelle Mitverdiener werden hier noch die im Energiemarkt tätigen Preisreportingagenturen genannt. Weil das Gesamtpaket der Blockchain-Technologie auch die Preisinformationen enthält, wird die heute übliche Tätigkeit von Preisreportingagenturen gänzlich überflüssig. Somit haben sich auch diese Agenturen künftig auf andere Geschäftsmodelle und Geschäftsabwicklungen zu konzentrieren.

Einzig die Börsen sind von der Blockchain-Technologie im OTC-Handel nicht direkt betroffen. Dies, weil ausserbörsliche Transaktionen nicht an der Börse gehandelt werden (der Name ‚ausserbörslich' erklärt eigentlich diese Tatsache treffend). Offen ist hingegen deren künftiges Ansinnen und mögliches Mitpartizipieren. Vermutlich werden die jetzt schon weitestgehend hochautomatisiert agierenden Börsen sich der Herausforderung der Blockchain-Technologie im Energiehandel stellen, um ihre bisherigen Einnahmequellen nicht kampflos dem günstigeren Blockchain-OTC-Energiehandel abgeben zu müssen. In diesem Sinne könnte dem Blockchain-OTC-Energiehandel eine ernsthafte Konkurrenz erwachsen.

3.1.2 Der Einfluss von Blockchain auf die Transaktionskosten

Wie im Theorieteil bereits darauf hingewiesen, unterliegen die Energieunternehmen auch dem Kostendruck. Die Blockchain-Technologie kann den Energieunternehmen hier auch unter die Arme greifen und die Transaktionskosten weiter senken. In vorliegender Abbildung werden die Kostenpunkte aufgeführt und darauf hingewiesen, welche Einflussnahme sie auf die internen oder externen Kosten der Gesamttransaktionskosten haben.

Transaktionskosten - Einfluss auf interne und externe Kosten		
Kostenpunkte	Einfluss auf interne Kosten	Einfluss auf externe Kosten
Settlement Arbeiten	abnehmend	
Kreditrisiko	abnehmend	
Gebühren Brokerage		abnehmend
Gebühren Clearing		abnehmend
Gebühren Börsen		abnehmend
Gebühren Preisreporting		abnehmend
Markteffizienzsteigerung	zunehmend	
Regulationsreporting	abnehmend	

Abbildung 5: Transaktionskosten – Einfluss auf interne und externe Kosten. Quelle: eigene Darstellung

Die Kosten für die Verrechnung der OTC-Energietransaktionen (Settlement) sind energieunternehmensintern angesiedelt und werden im Gegensatz zur konventionellen Verrechnungsart mit dem Einsatz von Blockchain-Technologie abnehmen, weil mit der neuen Methode die Echtzeitabrechnung innert wenigen Sekunden möglich ist.

Weiter werden die verursachten Kosten beim Kreditrisiko, welche mit dem zurzeit geltenden Geschäftsmodell (z.B. 20 Tage-Frist zur Bezahlung der Energielieferung) angewandt wird, künftig mit der Echtzeitabrechnung ebenso drastisch gesenkt. Diese internen Kostenreduktionen beziehen sich auf weniger Arbeitsaufwand im Management des Kreditrisikos und mutmasslichen Wegfalls von Personalkosten.

Gebühren, die für die Erledigung einer OTC-Transaktion mittels eines Zwischenhändlers (Broker) zu Stande kommen, nennt man Brokerage-Gebühren. Diese Gebühren sind somit extern angesiedelt. Durch Benutzen der Blockchain-Technologie fallen somit die Zahlungen von Brokerage-Gebühren an die Zwischenhändler aus.

Dasselbe gilt für die bisher angefallenen Gebühren zugunsten der Clearing-Banken. Auch diese externen Zwischenhändler werden in Zukunft bei der Eingabe von Transaktionen via Blockchain-Technologie nicht mehr berücksichtigt.

Börsengebühren werden in einer OTC-Energietransaktion nicht generiert. Trotzdem wird diese fiktive Kostenstelle hier erwähnt, weil Marktdruck und mögliche Abwanderung von Marktteilnehmenden an Märkte, bei denen die Blockchain-Technologie angewandt wird, eine Preisminderung der heute geläufigen Gebühren auslösen könnten.

Gebühren für das Preisreporting, wie dies momentan der Fall ist, werden bei korrekter Anwendung von Blockchain-Technologie nicht weiter fällig. Dies aufgrund der Tatsache, dass die Preisinformationen direkt auf der Blockchain-Lösung abrufbar sind. Demzufolge fallen diese externen Kosten weg.

Durch eine deutlich verbesserte Transparenz der Energietransaktion via Blockchain-Technologie könnten sich die Preismargen von bis anhin in wenig effizienten Märkten gehandelten Produkten deutlich verringern. Alle Teilnehmer werden Zugriff auf die gleichen System-Informationen haben, womit Margen kleiner werden und demzufolge die Gewinne für gewisse Transaktionen sinken. Diese Gewinnminderung ist deshalb in obiger Abbildung als interner Kostenpunkt aufgesetzt.

Das Regulierungsreporting in heutiger Form ist mit vielen Aufwänden verbunden, speziell im Personal- und IT-Bereich. In Zukunft soll dieses Reporting im System der Blockchain-Technologie integriert sein, so dass die Regulierungsbehörden direkt auf die Blockchain zugreifen und die für sie wichtigen Information direkt abrufen können. Damit würden sämtliche Kosten, die beim alten System zulasten der Energieunternehmen anstehen, wegfallen.

3.1.3 Enerchain & Co. und deren Möglichkeiten, Vor- und Nachteile

Die drei im Theorieteil aufgeführten und heute bekannten Blockchain-Technologien im Energiehandel verfolgen alle ein spezielles aber nicht einheitliches Ziel. In vorliegender Abbildung wird versucht, eine Übersicht und/oder Gegenüberstellung der jeweiligen Leistungen zu vermitteln. Diese drei Blockchain-Technologien beinhalten Verbesserungspotentiale, aber auch Vor- und Nachteile, die nachfolgend detailliert erklärt werden.

Enerchain & Co. - eine Gegenüberstellung					
Blockchain Technologie	Inbetriebnahme	Möglichkeit Handel von OTC Produkten	Produktlaufzeiten von Energie	Automatisches Regulationsreporting	Kostenreduktion per Transaktion
Enerchain	live	ja	Termin	nein	ja
NEW 4.0	projektiert	ja	Intraday	nein	ja
Wien Energie & BTL	live	nein	Termin	nein	bedingt

Abbildung 6: Enerchain & Co. – eine Gegenüberstellung. Quelle: eigene Darstellung

Enerchain wurde im Frühsommer 2019 in Betrieb genommen. Diese Lösung spezialisiert sich auf den Energiehandel im OTC-Bereich und bietet den Teilnehmern an, Termingeschäfte (Lieferung auf Zeit) zu handeln. Entscheidender Vorteil bei Anwendung von Enerchain ist die Tatsache, dass durch eine geringe fixe monatliche Gebühr von EUR 500 unendlich viele Transaktionen gehandelt werden können. Als Nachtteil ist zu vermelden, dass das Reporting für die Regulierungsbehörden nicht im System integriert ist. Diese Reportingleistungen sind weiterhin den Teilnehmern, die an dieser Blockchain-Technologie mitmachen, überlassen und finanziell zusätzlich belastet.

NEW 4.0 befindet sich aktuell immer noch im Projektstatus. Das Projekt spezialisiert sich mit seinem OTC-System auf die kurzfristigen und innerhalb eines Tages zu liefernden Energieprodukte. Ziel dieses Projektes ist es, die Kosten der Zwischenhändler auszuschalten und auf diese Weise eine Kostenreduktion der Transaktionen anzupeilen. Auch bei diesem Projekt fehlt bisher der Ansatz, dass die Regulierungsbehörden ihre Berichte direkt abrufen können.

Wien Energie & BTL ist bereits seit dem Jahr 2018 in Betrieb und als Testprojekt für drei bis fünf Jahre angesetzt worden. Bei dieser Blockchain-Technologie fehlt der Ansatz, dass OTC-Produkte gehandelt werden können. Allerdings besteht die Möglichkeit, Strom auf Termin direkt an der Börse in Leipzig (EEX) zu beziehen. Diese Handelsart bedeutet, dass die Transaktionskosten nicht gänzlich entfallen, sondern sie generiert Börsengebühren für jede einzelne Transaktion. Auch bei Anwendung dieses Systems fehlt es wie in den beiden vorangegangenen Beispielen an der Möglichkeit eines automatisierten Regulierungsreportings.

Für alle diese drei Blockchain-Lösungen und im Generellen muss eines ganz klar und deutlich herausgestrichen werden – die konsequente Akzeptanz und das unbedingte Vertrauen der Marktteilnehmer in die Technologie muss sowohl vom Unternehmen selbst als auch von den Betreibern getragen werden. Nur so gelingt es, die laufenden Projekte und bereits in Betrieb genommenen Technologien und Systeme zu etablieren, nötiges Verbesserungspotential zu erkennen und auf professionelle Art und Weise Handelstransaktionen durchzuführen. In diesem Sinne müssen sich die in Betrieb genommenen Technologien noch beweisen. Durch gezieltes Marketing und seriöse Überzeugungsarbeit der verantwortlichen Projektleitungen wird sich das eine oder andere Energieunternehmen noch weiter und vertiefter für die Sache gewinnen können und nicht zuletzt zeigt sich der Erfolg dieser Technologien bei reger Marktteilnahme und regem Handel von Energietransaktionen. Dann wird sich auch zeigen, welche Regulierungsbehörden bereit sind, in den Zug Blockchain-Technologie im Energiehandel von OTC-Produkten einzusteigen. Es wäre schön zuzusehen, wenn sich diese Technologie auch im Rahmen des Regulierungsreportings weiterentwickeln und seine Wirkung entfalten könnte.

3.2 Beantwortung der Forschungsfrage

Nach Ansicht des Autors dieser Arbeit ist genügend Literatur vorhanden, um eine vollumfassende Beantwortung der Forschungsfrage herzuleiten. Die Ergebnisse zeigen deutlich auf, welchen Stand die Energiebranche in der Nutzung von Blockchain-Technologie aufweist, wie sich der Technologiefortschritt im Verhältnis zu anderen Branchen präsentiert, wie sich dieser innerhalb der Branche entwickelt und mit welchen Ansätzen der Blockchain-Technologien heute im Rahmen des ausserbörslichen Handels bereits Energie gekauft, verkauft, getauscht, also umfassend gehandelt wird. Ferner wurde genügend aufgezeigt, welche Limitationen in der heutigen Phase der Blockchain-Technologie noch vorhanden sind.

3.3 Praxisanwendung

Mit dieser Arbeit wird bezweckt, dass sich Anwender und/oder Interessierte rasch in die Materie der Blockchain-Technologie im OTC-Energiehandel einlesen können sowie Begrifflichkeiten verständlich präsentiert bekommen. Wichtig ist dem Autor auch, dass sowohl Vor- als auch Nachteile fein säuberlich aufgezählt und erklärt werden. Ebenso wird hier auf die im Markt bereits gestarteten und etablierten Blockchain-Anwendungen verwiesen, welche im Energiehandel tätigen Berufsleuten unter Umständen als Ideengeber, Wegbereiter, zur allgemeinen Horizonterweiterung oder gar zur Weiterentwicklung ihrer Spezialkenntnisse bis hin zur eigenen Nutzung derartiger Technologien dienen können. Obwohl sich der Fortschritt in der Blockchain-Technologie weiterhin stetig und rasant im Gange befindet, kann diese Arbeit unter Umständen als Ausgangslage für weiterführende Arbeiten und Forschungsaufträge angesehen werden.

4   Fazit und Ausblick

4.1   Schlussbetrachtungen

Die vorliegende Seminararbeit ist anhand einer Literaturrecherche durchgeführt worden. Die zu Grunde liegende Literatur, die wissenschaftlichen Arbeiten anderer Autoren und Autorinnen, sowie White Papers der Industrie sind zum Thema Blockchain in der Energieindustrie relativ breit verfügbar. Die Herausforderung des Verfassers war, alle zur Verfügung stehenden Informationen in einer übersichtlichen Struktur in die Seminararbeit einfliessen zu lassen. Die zentrale Fragestellung ist mit den neuesten literarischen Recherchepapieren bestückt und nach Meinung des Autors vollumfänglich beantwortet worden.

Die drei Blockchain-Technologien im Energiebereich Enerchain, NEW 4.0 und Wien Energie & BTL sind erste brauchbare Lösungsansätze, um Energietransaktionen professionell und kostengünstig über Blockchain abzuwickeln. Im Gegensatz zu Wien Energie & BTL bieten Enerchain als auch NEW 4.0 den Handel mit ausserbörslichen Produkten an. Die Marktteilnahme bei Enerchain, der einzigen Lösung, die zurzeit den OTC-Handel für alle Marktteilnehmer anbietet und in der Praxis bereits eingeführt ist und funktioniert, ist noch bescheiden. Weil bei Enerchain die Möglichkeit gegeben ist, die ganze Palette an Energieprodukten zu handeln, dürfte diese Technologie nach Ansicht des Verfassers dasjenige mit dem grössten Wachstumspotenzial sein und diejenige Blockchain-Lösung darstellen, welche im Energiemarkt von den Marktteilnehmern am ehesten akzeptiert werden und erfolgreich sein könnte. NEW 4.0 scheint sich in einem Teilmarkt (Energielieferung am gleichen Tag) zu positionieren, ist allerdings noch in der Projektphase und noch zu wenig ausgereift. NEW 4.0 deutet aber unmissverständlich an, dass sich die Genauigkeit der lieferbaren Mengen in ihrer Technologie deutlich und nachhaltig verbessern soll.

Als mangelhaft gilt die Tatsache, dass die Regulierungsbehörden in all den in dieser Arbeit analysierten Blockchain-Applikationen durchwegs keine Aufnahme gefunden haben. Keine der drei untersuchten Lösungen hat also die Regulierungsbehörden miteinbezogen, obwohl der Aufwand an Berichten zuhanden der Behörden für die Energieunternehmen namentlich in den letzten Jahren beachtlich gestiegen ist. Wie in dieser Arbeit mehrfach darauf hingewiesen, könnte Blockchain diesen Aufwand mit einer Zusatzfunktion erheblich verringern. Die bereits bestehenden Blockchain-Projekte müssen sich künftig dringend diesem Thema annehmen. Konkret sollten die führenden Blockchain-Betreiber im Rahmen von erweiterten Rundum-Versionen Lösungen finden, Energietransaktionen praktikabel und effizient an die Regulierungsbehörden übermitteln zu können, oder aber die Behörden dazu zu berechtigen, die für sie geeigneten Berichte selbst aus dem System ziehen zu können, damit sich die Kostenfolge von Transaktionen für die Energieunternehmen nachhaltig verbessern lässt.

Grundsätzlich kann bei erfolgreicher Einführung einer Blockchain-Lösung davon ausgegangen werden, dass sich die bislang durch höheren Arbeitsaufwand anfallenden internen und externen Kosten merklich und nachhaltig reduzieren lassen. Unternehmen, die an Energietransaktionen via Blockchain teilnehmen, werden insbesondere Kostenreduktionen erfahren, die bislang im traditionellen Handel mit Zwischenhändler entstanden sind. Einerseits also entfallen die Kosten für die Zwischenhändler und anderseits steigt die Effizienz bei der Abwicklung von Transaktionen merklich, was dazu führen wird, dass die allgemeinen Aufwandkosten im Unternehmen selbst reduziert werden können.

Positiv und zukunftsgerichtet betrachtet, könnte sich einerseits die Kombination der drei bislang vorhandenen Lösungen und/oder anderseits ein Zusammengehen dieser drei Projektphilosophien lohnen, um im Energiesektor entscheidende Fortschritte und damit Vorteile zu erzielen. Konkret könnten Handelsgeschäfte unkompliziert mit all den in den Energiemärkten zugänglichen Optionen und Möglichkeiten (Börsen, OTC-Handel, eigener Strom) realisiert werden. Für alle Marktteilnehmenden im Energiesektor wäre eine umfassend funktionierende und über eine einzige Schnittstelle laufende Blockchain-Lösung eine Erleichterung und Garant dafür, künftig Energietransaktionen zu besten Konditionen abwickeln zu können.

4.2 Handlungsempfehlungen

Mit den zu Grunde liegenden Resultaten der vorliegenden Seminararbeit können folgende Handlungsempfehlungen abgegeben werden:

1. Die Regulierungsbehörden gehören nach Meinung des Verfassers unbedingt in die Blockchain-Lösung integriert. Dieser Schritt sollte unverzüglich als einen der nächsten wichtigen Schritte für eine erfolgreiche Weiterführung einer Blockchain-Lösung im Energiehandel realisiert werden. Es sollte der Behörde damit konkret die Möglichkeit gegeben werden, die für sie benötigten Daten in eigener Regie dem System entnehmen zu können. Handkehrum könnte diese Erweiterung im System dazu beitragen, die allgemeinen Transaktionskosten bei den Energieunternehmen selbst auf ein Minimum zu reduzieren.

2. Die Marketingoffensive von Enerchain, die bereits vollends als Blockchain-Lösung funktioniert, müsste weiter intensiviert, komplettiert und verfeinert werden. Dies insbesondere, um weitere Marktteilnehmer zu generieren. In der heutigen Form ist ein vollständiger Markt, der über ein optimales Angebots- und Nachfrageprofil verfügt, bei der Enerchain-Lösung leider noch nicht vorhanden. Das kann zu Preissegmenten führen, die nicht marktkonform, aber intransparent erscheinen, und somit die Energiehändler davon abschrecken, an einer Blockchain-Lösung teilzunehmen. Diese Empfehlung gilt auch für alle anderen Blockchain-Lösungen im Energiehandel von OTC-Produkten, welche in Zukunft auf den Markt drängen.

3. Weiterführend zur Marketingoffensive könnte eine strategische Zusammenarbeit von marktführenden Energieunternehmen, die nur noch auf Blockchain handeln möchten, dazu führen, dass Blockchain im Markt vollends akzeptiert wird. Mit dieser Strategie könnten namentlich weitere Teilnehmende dazu animiert werden, sich dem Handel auf Blockchain anzuschliessen.

4. Die Arbeitslast und die Aufgaben der Abteilungen, die bis anhin für die Berechnung der Kreditrisiken zuständig und verantwortlich zeichnen, werden sich in Zukunft und bei erfolgreicher Einführung des Energiehandels via Blockchain drastisch verringern, ja verändern. Die Energieunternehmen sind also gefordert, die künftigen Aufgaben einer Kreditrisiko-Abteilung neu zu überdenken und zu definieren.

5. Es ist davon auszugehen, dass die Marktteilnehmer aller Voraussicht nach künftig nicht auf etliche verschiedene Blockchain-Lösungen zugreifen und dort ihre Energietransaktion handeln möchten. Ein in Zukunft einheitlicher Zusammenschluss aller Technologien im Energiehandel zu einer einheitlichen Lösung könnte zum einen alle Marktteilnehmer integrieren und zum anderen die Nachfragen und Angebote bündeln.

6. In ferner Zukunft könnte eine optimierte Lösung darin bestehen, dass einzelne Kunden (z.B. Besitzer von Einfamilienhäuser oder Mieter einer Wohnung) bei den Energiehändlern auf einer einzigen Plattform ihre Energiewerte beziehen oder anbieten können. Hierfür braucht es aber zuerst, zumindest in der Schweiz, eine Liberalisierung des Marktes, welche Herr und Frau Schweizer dazu berechtigt, ihre benötigte Energie selbst zu beschaffen. Im restlichen Europa ist dies durchaus bereits heute der Fall. Der Miteinbezug von Einzelkunden könnte zukünftig ein durchaus reales Thema werden und den Energiemarkt weiter revolutionieren.

4.3 Ausblick

Mit der Erstellung dieser Arbeit hat der Autor weitere Fragestellungen provoziert, die in weiteren Untersuchungen und Forschungen auf diesem Gebiet in naher Zukunft angegangen werden könnten:

1. Im Zuge der in der Arbeit aufgezeigten Blockchain-Lösungen für den OTC-Handel ist mit Enerchain nur eine vollständige Projekt-Lösung vorhanden. Im Sinne einer Weiterentwicklung des Blockchain-OTC-Handels würden sich in diesem Zusammenhang folgende Fragen stellen: **Sind nebst den drei projizierten oder entwickelten Blockchain-Lösungen weitere Applikationen in Planung? Wenn ja: um welche Projekte handelt es sich dabei konkret und enthalten diese Projekte allenfalls neue Ansätze, um den Blockchain-Energiehandel weiterzuentwickeln?**
2. Der Wegfall der Einnahmequellen für Broker, Clearinghäuser und Preisreportingagenturen ist bei definitiver Einführung von Blockchain-Lösungen im Energiehandel ein Überlebensproblem für die in diesem Umfeld tätigen Unternehmen. Folgende Frage drängt sich deshalb auf: **Sind sich diese Unternehmen dieser Gefahren bewusst? Können diese Unternehmen auf diese einschneidenden Veränderungen reagieren und auf welcher Grundlage und mit welchem Geschäftsmodell wollen Broker, Clearinghäuser und Preisreportingagenturen in Zukunft ihr Geld verdienen?**
3. Die möglichen Implikationen für die Börsen wurden in dieser Arbeit bekanntlich nur ganz kurz behandelt und könnten mit dem künftigen Blockchain-Handel von ausserbörslichen Energieprodukten und damit einhergehenden tieferen Transaktionskosten eine ernsthafte und einschneidende Konkurrenz erfahren. In diesem Sinne drängen sich folgende Fragen auf: **Wie gross sind die Auswirkungen der Blockchain-Technologien im OTC-Handel auf die Energiebörsen? Können die Energiebörsen allenfalls von dieser Technologie profitieren? Ist künftig gar ein Miteinander von Energiebörse und Blockchain möglich oder führt diese Technologie zu ernsthaften Zerwürfnissen?**

Quellenverzeichnis

accenture.com. Zugriff am 31.12.2019. Blockchain for Utilities: Beyond the buzz. Verfügbar unter https://www.accenture.com/_acnmedia/pdf-82/accenture-blockchain-for-utilities-beyond-buzz-pov.pdf

alpiq.com. Zugriff am 30.12.2019. Alpiq beschreitet mit Blockchain-Technologie neue Wege im Energie-Contracting. Verfügbar unter https://www.alpiq.com/de/alpiq-gruppe/inves toren/ad-hoc-news/ad-hoc-news-detail/alpiq-beschreitet-mit-blockchain-technologie-neue-wege-im-energie-contracting/

bcg.com. Zugriff am 03.01.2020. A reality check for blockchain in commodity trading. Verfüg bar unter https://www.bcg.com/en-ch/publications/2018/reality-check-blockchain-com modity-trading.aspx

Burgwinkel, D. (2016). Blockchain Technology – Einführung für Business- und IT Manager. Basel: Dr. Daniel Burgwinkel, Blockchain Advisory

deloitte.com. Zugriff am 03.01.2020. Blockchain applications in energy trading. Verfügbar unter https://www2.deloitte.com/content/dam/Deloitte/global/Documents/Energy-and-Resources/gx-blockchain-applications-in-energy-trading.pdf

Doleski, O. (2019). Realisierung Utility 4.0. Wiesbaden: Springer Vieweg - Springer Fachmedien Wiesbaden GmbH

enerchain.com. Zugriff am 09.01.2020. Enerchain 1.0 is live! Verfügbar unter https://ener chain.ponton.de/index.php/articles/2-uncategorised/37-enerchain10live

Eugster, J. (2019). Übermorgen – Eine Zeitreise in unsere digitale Zukunft. Zürich: Midas Verlag AG

finma.ch. Zugriff am 31.12.2019. FINMA publiziert Wegleitung zu ICOs. Verfügbar unter https://www.finma.ch /de/news/2018/02/20180216-mm-ico-wegleitung/

gartner.com. Zugriff am 03.01.2020. The Reality of Blockchain. Verfügbar unter https://www.gartner.com/smarterwithgartner/the-reality-of-blockchain/

greentechmedia.com. Zugriff am 31.12.2019. Peer-to-Peer Energy Trading Still Looks Like a Distant Prospect. Verfügbar unter https://www.greentechmedia.com/articles/read/peer-to-peer-energy-trading-still-looks-like-distant-prospect

greentechmedia.com. Zugriff am 31.12.2019. Energy Blockchain Startups Raised $324 Million in the Last year. Where's the Money going? Verfügbar unter https://www.greentechmed ia.com/articles/read/energy-blockchain-startups-raised-324-million-since-2017

Gyr, E. (2019). Blockchain und Smart Contracts – Die vertragsrechtlichen Implikationen einer neuen Technologie. Bern: Universitätsbibliothek Bern. Verfügbar unter https://bib lio.unibe.ch/download/eldiss/19gyr_e.pdf

ig.com. Zugriff am 09.01.2020. OTC Definition. Verfügbar unter https://www.ig.com/ch/trading-glossar/otc-definition

invesco.com. Zugriff am 30.12.2019. Blockchain and the reshaping of investment management. Verfügbar unter https://apinstitutional.invesco.com/dam/jcr:87c9c31f-9eab-45dc-af33-57f6febb5d20/Blockchain-and-the-reshaping-of-investment-manage ment.pdf mckinsey.com. Zugriff am 03.01.2020. Blockchain beyond the hype: What is the strategic business value? Verfügbar unter https://www.mckinsey.com/~/media/McKinsey/Business%20Functions/McKinsey%20Digital/Our%20Insights/Blockchain%20beyond%20the%20hype%20What%20is%20the%20strategic%20business%20value/Blockchain-beyond-the-hype-What-is-the-strategic-business-value.ashx

new4-0.de. Zugriff am 05.01.2020. Schneller regionaler Intradayhandel und die Energie Plattform. Verfügbar unter https://new4-0.erneuerbare-energien-hamburg.de/de/new-40-blog/details/schneller-regionaler-intradayhandel-und-die-energie-plattform-4053.html

next-kraftwerke.de. Zugriff am 09.01.2020. Was ist der OTC-Handel? Verfügbar unter https://www.next-kraftwerke.de/wissen/otc-handel

ponton.de. Zugriff am 30.12.2019. Verfügbar unter https://www.ponton.de/downloads/enerchain/EnerchainKeyInsights_2018-03-29_final.pdf

pwc.com. Zugriff am 03.01.2020. Use Cases for Blockchain Technology in Energy & Commodity Trading. Verfügbar unter https://www.pwc.com/gx/en/industries/assets/blockchain-technology-in-energy.pdf

repower.com. Zugriff am 05.01.2020. Blockchain: Von der Vision in die Realität. Verfügbar unter https://blog.repower.com/archive/blockchain/

utility40.net. Zugriff am 11.01.2020. Automatisierung der Abwicklung des OTC Energiehandels. Verfügbar unter https://utility40.net/automatisierung-der-abwicklung-des-otc-energiehandels-jens-bartenschlaeger-fidectus-ag/

wien.gv.at. Zugriff am 05.01.2020. Wien Energie als Vorreiter in der Energiebranche. Verfügbar unter https://smartcity.wien.gv.at/site/blockchain-im-energiesektor/

Verzeichnis der Darstellungen

Abbildungsverzeichnis

BEI GRIN MACHT SICH IHR WISSEN BEZAHLT

- Wir veröffentlichen Ihre Hausarbeit,
  Bachelor- und Masterarbeit

- Ihr eigenes eBook und Buch -
  weltweit in allen wichtigen Shops

- Verdienen Sie an jedem Verkauf

Jetzt bei www.GRIN.com hochladen
und kostenlos publizieren